»So ist es mit der Erinnerung. Mit ihr leuchten wir hinunter in die Vergangenheit.«

Ernst H. Gombrich wurde 1909 in Wi
in Kunstgeschichte. Anfang 1936 emigrierte Gombrich nach London und arbeitete in der Bibliothek Warburg. Während des Krieges arbeitete er für die British Broadcasting Corporation. Danach kehrte er an das Warburg-Institut, dessen Direktor er von 1959 bis 1976 war, zurück. Gleichzeitig war er von 1959 bis zu seiner Emeritierung im Jahre 1976 Professor für Kunstgeschichte an der University of London. Ernst Gombrich starb 2001 in London.

Inhalt

Track 10–11 Vom einzigen Gott

Palästina · Abraham aus Ur · Die Sintflut · Die ägyptische Knechtschaft · Moses und das Jahr des Auszugs · Saul, David, Salomo · Die Teilung des Reiches · Vernichtung Israels · Das Prophetentum · Babylonische Gefangenschaft · Rückkehr · Altes Testament und Messias-Glaube

Track 12 D.U. K.A.N.N.S.T. L.E.S.E.N.

Die Buchstabenschrift · Die Phönizier und ihre Handelsniederlassungen

CD 2 66:03 Minuten

Track 1–2 Helden und ihre Waffen

Die Lieder Homers · Schliemanns Grabungen · Seeräuberkönige Kreta und das Labyrinth · Die dorische Wanderung · Die Heldenlieder · Die griechischen Stämme und ihre Kolonien

Track 3–4 Ein ungleicher Kampf

Die Perser und ihr Glaube · Kyros erobert Babylon · Kambyses in Ägypten · Das Reich des Dareios · Aufstand der Ionier · Der erste Rachezug · Der zweite Rachezug und die Schlacht bei Marathon · Der Zug des Xerxes · Die Thermopylen · Die Schlacht bei Salamis

Track 5 Zwei kleine Städte in einem kleinen Land

Die olympischen Spiele · Das Orakel zu Delphi · Sparta und die spartanische Erziehung · Athen · Drakon und Solon · Volksversammlung und Tyrannis · Die Zeit des Perikles · Philosophie · Plastik und Malerei · Architektur · Theater

Track 6–7 Der Erleuchtete und sein Land

Indien · Mohendjo-Daro, eine Stadt aus der Zeit Urs · Die Einwanderung der Inder · Indogermanische Sprachen · Kastenwesen · Brahma und die Seelenwanderung · »Das bist du« · Der Königssohn Gautama · Die Erleuchtung · Erlösung vom Leid · Nirwana · Buddhas Anhänger

Track 8–9 Ein großer Lehrer eines großen Volkes

China vor Christi Geburt · Der Kaiser von China und die Fürsten · Bedeutung der chinesischen Schrift · Konfuzius · Der Sinn der Formen und Bräuche · Die Familie · Herrscher und Untertan · Laotse · Das Tao

CD 3 66:45 Minuten

Track 1–4 Das größte Abenteuer

Der Peloponnesische Krieg · Der delphische Krieg · Philipp von Makedonien · Die Schlacht von Chäronea · Verfall des Perserreiches · Alexander der Große · Thebens Zerstörung · Aristoteles und sein Wissen · Diogenes · Eroberung Kleinasiens · Der Gordische Knoten · Schlacht bei Issus · Eroberung von Tyrus und Ägypten · Alexandria · Schlacht bei Gaugamela · Zug nach Indien · Porus · Alexander als Herrscher des Ostens · Alexanders Tod und die Nachfolger · Hellenismus · Die Bibliothek von Alexandria

Track 5–7 **Von neuen Kämpfern und Kämpfen**

Italien · Rom und die Gründungssage · Ständekämpfe · Die Zwölftafelgesetze ·Römischer Charakter · Roms Einnahme durch die Gallier · Eroberung Italiens · Pyrrhus · Karthago · Der erste Punische Krieg · Hannibal · Der Zug über die Alpen · Quintus Fabius Maximus · Cannä · Letztes Aufgebot · Scipios Sieg über Hannibal · Eroberung Griechenlands · Cato · Karthagos Zerstörung

Track 8 **Ein Feind der Geschichte**

Kaiser Qin Shi Huangdi · Die Bücherverbrennung · Die Fürsten von Tsin und der Name China · Die chinesische Mauer · Die Herrscherfamilie der Han · Gelehrte Beamte

Track 9–11 **Die Herrscher der westlichen Welt**

Römische Provinzen · Straßen und Wasserleitungen · Die Legionen · Die beiden Gracchen · Brot und Spiele · Marius · Die Cimbern und Teutonen · Sulla · Sklavenkriege · Julius Cäsar · Die Kämpfe in Gallien · Sieg im Bürgerkrieg · Kleopatra · Die Kalenderreform · Cäsars Ermordung · Augustus und das Kaisertum · Die Künste

Track 12–14 **Die frohe Botschaft**

Jesus Christus · Die Lehren der Bergpredigt · Das Kreuz · Paulus an die Korinther · Der Kaiserkult · Nero · Der Brand Roms · Die ersten Christenverfolgungen · Katakomben · Titus zerstört Jerusalem · Die Zerstreuung der Juden

CD 4 71:25 Minuten

Track 1–2 Wie man im Reich und an seinen Grenzen lebte

Zinshäuser und Villen · Thermen · Das Kolosseum · Die Germanen · Arminius und die Schlacht im Teutoburger Wald · Der Limes · Fremde Kulte der Truppen · Trajans Kämpfe in Dazien · Marc Aurels Kämpfe bei Wien · Soldatenkaiser · Verfall Italiens · Ausbreitung des Christentums · Reichsreform des Diokletian · Die letzte Christenverfolgung · Konstantin · Gründung Konstantinopels · Die Teilung des Reichs · Das Christentum als Staatsreligion

Track 3–4 Das Gewitter

Die Hunnen · Die Westgoten · Die Völkerwanderung · Attila · Leo der Große · Romulus Augustulus · Odoaker und das Ende des Altertums · Die Ostgoten und Theoderich · Ravenna · Justinian · Das Corpus iuris und die Hagia Sophia · Das Ende der Goten · Die Langobarden

Track 5–6 Die Sternennacht beginnt

Finsteres Mittelalter? · Glaube und Aberglaube · Säulenheilige · Benediktiner · Die Rettung des antiken Erbguts · Bedeutung der Klöster im Norden · Die Taufe Chlodwigs · Rolle des Klerus im Merowingerreich · Bonifatius

Track 7–9 Es ist kein Gott außer Allah, und Mohammed ist sein Prophet

Das Wüstenland Arabien · Mekka und die Kaaba · Mohammeds Herkunft und Leben · Verfolgung und Flucht · Medina · Der Kampf mit Mekka · Die letzte Predigt · Die Eroberung Palästinas, Persiens und Ägyptens · Der Brand der alexandrinischen Bibliothek · Belagerung Konstantinopels · Eroberung Nordafrikas und Spaniens · Schlacht bei Tours und Poitiers · Die Kultur der Araber · Die arabischen Ziffern

Track 10–11 Ein Eroberer, der auch herrschen kann

Die Merowinger und die Hausmeier · Das Frankenreich · Karl der Große · Kämpfe in Gallien, Italien und Spanien · Die Awaren · Kampf gegen die Sachsen · Die Heldenlieder · Die Kaiserkrönung · Harun al Raschids Gesandtschaft · Teilung und Verfall des Karolingerreiches · Svatopluk · Die Wikinger · Die Normannenreiche

CD 5 69:36 Minuten

Track 1–3 Ein Kampf um die Herrschaft über die Christenheit

Osten und Westen zur Karolingerzeit · Kulturblüte in China · Der Einfall der Magyaren · König Heinrich · Otto der Große · Österreich und die Babenberger · Lehenswesen und Hörigkeit · Hugo Capet · Die Dänen in England · Geistliches Lehen · Der Investiturstreit · Gregor VII. und Heinrich IV. · Canossa · Robert Guiscard und Wilhelm der Eroberer

Track 4–6 Ritterliche Ritter

Ritter und Reiter · Burgen · Leibeigene · Edelknabe, Knappe, Ritterschlag · Pflichten des Ritters · Minnedienst · Turniere · Ritterliche Dichtung · Das »Nibelungenlied« · Der erste Kreuzzug · Gottfried von Bouillon und die Eroberung Jerusalems · Die Bedeutung der Kreuzzüge

Track 7–10 Kaiser in der Ritterzeit

Friedrich Barbarossa · Tauschhandel und Geldwirtschaft · Die italienischen Städte · Das Kaiserreich · Mailands Widerstand und Fall · Das Fest der Schwertleite in Mainz · Der dritte Kreuzzug · Friedrich II. · Guelfen und Ghibellinen · Innozenz III. · Die Magna Charta · Die Verwaltung Siziliens · Das Ende der Staufen · Dschingis Khan und die Mongoleneinfälle · Die kaiserlose Zeit und das Faustrecht · Die Kyffhäuser-Sage · Rudolf von Habsburg · Sieg über Ottokar · Gründung der habsburgischen Hausmacht

Track 11–13 Von den Städten und ihren Bürgern

Märkte und Städte · Kaufleute und Ritter · Das Zunftwesen · Der Bau der Kathedralen · Bettelmönche und Bußprediger · Juden- und Ketzerverfolgungen · Die babylonische Gefangenschaft der Päpste · Der Hundertjährige Krieg mit England · Jeanne d'Arc · Höfisches Leben · Universitäten · Karl IV. und Rudolf der Stifter